梅兰芳艺术人生文丛

刘 祯／主编

梅蘭芳

◎ 韩郁涛 编著

与绘画

知识产权出版社
全国百佳图书出版单位
——北京——

「梅兰芳艺术人生文丛」的整理出版为北京市西城区文化艺术创作扶持专项资金 2020 年度扶持项目

序

"他在深厚传统和广泛吸收多家所长的基础上创造了极其精美的艺术。他不愧为现代世界上伟大的表演艺术家之一。他的艺术是近千年来中国戏曲艺术历史上的高峰之一。他是一代宗师,对一代艺术家发生了积极的、深刻的影响。梅兰芳是把中国戏曲舞台艺术介绍到国外,并获得盛誉的第一个戏曲表演艺术家。"(朱穆之《永不停步的革新精神——纪念艺术大师梅兰芳诞辰九十周年》）这个"他"，就是 20 世纪中国最伟大的表演艺术家之一——梅兰芳。

轻拂时间的尘封，走入历史的情境中，回看梅兰芳的一生，依然那么清晰，又那么熟悉。在 20 世纪初新与旧、古老与现代、东方与西方的文化碰撞和争持中，梅兰芳的出现，顺应时代要求和审美追求。他通过持之以恒的努力、追索，将京剧艺术推向了一个新的高度，也使得"梅兰芳"这一名字与京剧、与时代紧紧地联系在一起。而从中国艺术、中国文化的传承脉络来看，其实梅兰芳及其京剧艺术早已融汇到今天的舞台艺术和文化基因里。

演员是梅兰芳的职业，他以自己的努力和奉献，把京剧的旦行艺术推向了新的高度；同时，作为那个时代引领风气之先的人物，他的行为思想又与时代社会紧密联系，为人们所关注，成为时尚标志。而在那个动荡、变幻莫测的时期，梅兰芳洁身自爱，不随波逐流，注重自我品德修养，追求进步，为人中和而讲原则，是非分明；他身上的家国情怀，如傲雪红梅，如罹霜松柏，坚贞不屈，坚定不移。台上，他扮演了数以百计不同身份、不同性格的女性人物，个个美丽动人，熠熠生辉，善恶分明；台下，他是铮铮男儿，有血有肉，与人为善，助人为乐，热心公益，具有高度的文化自觉。他有开阔的视野和世界眼光，访日、访美、访苏演出，使中国戏曲得以走上世界戏剧舞台，形成与世界其他戏剧体系平等交流、对话的格局，进一步构筑和阐释了中国戏曲的体系特征，展示了中国传统文化的魅力，提升了中国文化和中国人在世界中的地位。

梅兰芳是 20 世纪伟大的京剧表演艺术家，是传承者，是革新者，也是一位绘画大家，是那个时代的时尚代表，是那个时代的文化表征，是那个时代的文化使者，是一位伟大的爱国者，是为人们所爱戴的人民艺术家。本文丛试图让人们了解和看到的就是这样一位血肉饱满、生动鲜活、爱憎分明、初心不改而多姿多彩的梅兰芳！

挥墨静心——梅兰芳与绘画

目　录

1／导　言

6／一、诗画传家
幼承庭训与开蒙名家

25／二、忘年之交
与吴昌硕的二三往事

41／三、亦师亦友
与齐白石的师生情缘

57／四、艺坛佳话
与徐悲鸿的互慕互敬

70 / 五、中外交流

与日本画界的交往

93 / 六、戏画情缘

两幅梅兰芳戏装画像背后的故事

109 / 七、困守沪上

卖画为生显气节

128 / 八、清秀细腻

写意与工笔融合的绘画风格

150 / 九、曲画互鉴

梅兰芳绘画与戏曲的交互影响

梅兰芳伏案绘画

导　言

　　梅兰芳在舞台之上所取得的耀眼成就，让人们忽视了他在绘画领域的卓越表现。当我们打开梅兰芳所创作的一幅幅卷轴时，才惊异地发现，原来他还是一位专业且艺术精深的画家——舞台之外还有另一个梅兰芳。

　　我们回顾梅兰芳的一生，会发现绘画艺术在他的生命历程中，具有十分重要的意义。有着深厚文化家学渊源的梅兰芳从小在祖、父辈的耳濡目染下便对绘画充满了浓厚的兴趣，对家中旧藏字画进行临摹与仿写。青年时代的梅兰芳更是有意识地结交了戏曲圈之外的诸多文化界的名流，其中不乏当时的绘画名家。他正式拜师王梦白，随后又拜齐白石、汤定之为师，陈师曾、金拱北、姚茫父、汪蔼士、陈半丁等大批画坛精英皆曾指导过梅兰芳的绘画创作。梅兰芳在众多名师的指导下，画技日益精进，形成了自己的风格。梅兰芳的绘画秉承的是中国文人画写心言志的美学精神，他的作品细腻含蓄，格调品位高远，清丽雅致，潇洒自然。他一生几乎只画花鸟竹菊与仕女佛像，甚少在山水画与书法上下过功夫。这与他受到海派绘画的影响与自己的偏好有关。

他的绘画从题材到趣味上可以看出对南北两派的调和，他的花卉小品在韵味上力求平淡高雅之气，但在构图与设色等视觉效果上大量融入了海派的技法。他笔下的花鸟人物画更多表现出的是一种工笔式的细腻之感，并结合了写意的用色与布局，形成了自己独特的画风。这样的绘画风格与他个人在戏曲舞台上所追求的艺术审美是一致与契合的。

　　艺术之间本就具有相通性。梅兰芳学习绘画，对戏曲工作亦是大有裨益。他所创排的古装新戏，很多服饰、头面、动作的革新皆源自对中国传统仕女画与雕塑艺术的借鉴。学习绘画之后的梅兰芳，在艺术素养上得到了极大的提高。中国的绘画艺术与戏曲艺术皆讲求写意性，追求一种需要借助客体的空间想象才能体悟到的绵绵不断的意境美。可以说梅兰芳从绘画中汲取了一些对戏剧有帮助的养料。我们今日所看到的"梅派"艺术的中和典雅，雍容华贵，品格高雅，很大程度上与梅兰芳学习绘画，陶冶了性情，提升了自身的艺术素养有关。

梅兰芳的一生与戏曲和绘画皆结下了深厚的情缘。对于他，绘画不仅培养了性情，提升了艺术造诣，还对戏曲革新起到了推动的作用。绘画帮助他结识了诸多的良师益友，甚至在困守上海，无法登台演出时，还成了他解决日常衣食住行的养家方式。而今我们还应该看到，氍毹之下的梅兰芳不仅是戏曲大师还是一位专业且技艺精湛的画家。我们应当重视与挖掘梅兰芳在绘画方面的艺术与学术造诣，从而更加立体与全面地了解这样一位传奇大师。

王梦白 《牡丹》

一、诗画传家

幼承庭训与开蒙名家

梅兰芳是我国著名的京剧大师，具有世界级影响力。在其五十余年的舞台生活中，发展和提高了京剧旦角的演唱和表演艺术，形成了具有独特风格的艺术流派——"梅派"。鲜为人知的是，梅兰芳不仅是一位戏剧表演艺术家，同时亦是一位在中国传统绘画艺术上颇具天赋与造诣的雅士。他不仅热衷于收藏文人字画，还先后得到了王梦白、齐白石等绘画名家的悉心指导，从事绘画创作。演戏与绘画贯穿梅兰芳的一生，对其产生了重要的影响。梅兰芳将戏曲表演与中国传统绘画相互融合，在舞台艺术中融入绘画艺术元素，创排了《嫦娥奔月》《洛神》《天女散花》等新编古装戏，极大地拓展了京剧艺术的表演路径与审美品格。可以说，绘画艺术对梅兰芳舞台人物的塑造以及表演具有重要的助力。

梅兰芳对绘画的热爱源自家庭的熏陶。他的祖父梅巧玲是著名京剧演员，四喜班班主。梅巧玲戏路很宽，花旦戏外，兼工青衣和昆旦。梅巧玲自学艺出师后，于李铁拐斜街立"景和堂"，培养了众多晚清梨园优秀弟子。梅巧玲本人除艺术造诣精深外，更喜欢与文人交往，有着深厚的文化涵养。他不仅热衷于书画创作（梅兰芳纪念馆现存梅巧玲书法作品三件），而且喜爱收集名人字画与文献典籍。据 1998 年北京长虹出版公司出版的《梅兰芳藏画集》、2001 年河北教育出版社出版的《梅兰芳藏戏曲史料图画集》、知识产权出版社 2014 年出版的《梅兰芳藏名家书画集》和 2016 年出版的《梅兰芳藏名家书画集（续集）》记载，梅府藏画除齐白石、吴昌硕、黄宾虹等与梅兰芳交游密切的近代名家画作外，还有大量的古代书画。其中包括明代沈周画作一种、张宏画作两种、陆治画作一种，清代恽冰画作一种、改琦画作一种、翁方纲画作一种、金农画作五种、董邦达画作六种、王宸画作七种、董诰画作四种、汪昉画作两种、钱杜画作六种，沈蓉圃画作四种，以及二十四种珍贵明代脸谱。如此众多的精品绘画藏品，并非一时之功，是梅家三代人薪火相传、共同努力的结果。从梅家收藏的绘画类型来看，多集中于人物、花鸟与扇面小品上，很少有大尺幅的山水画作。这一方面体现出了梅府主人的个人意趣，另一方面也真实反映了伶人因社会地位与财力问题，对绘画艺术的鉴赏与收藏受到了限制。

1913—1915 年是梅兰芳绘画的起步阶段。从《舞台生活四十年》中的自述可知，此时的梅兰芳并未从师习画，而是时常将家中所藏墨宝拿来临摹展玩。

我对绘画越来越发生兴趣了。空闲的时候，我就把家里存着的一些画稿、画谱寻出来（我祖父和父亲都能画几笔，所以有这些东西），不时地加以临摹。

——《舞台生活四十年·从绘画谈到〈天女散花〉》[1]

---

1 梅兰芳口述，许姬传记录：《舞台生活四十年》，中国戏剧出版社，1986 年版，第 499 页。

从梅兰芳的表述中可以看出，梅家虽是伶人世家，却十分注重古典文化的培养与传承，从其祖父起，便树立了诗画传家的良好家风。梅兰芳在家庭的影响与熏陶下，自幼便对中国的传统文化尤其是绘画艺术展现出浓厚的兴趣。得益于戏曲世家的书香渊源，梅家所收藏的珍贵且数量可观的书画便成为梅兰芳初学临摹的范本，同时也影响着梅兰芳日后的绘画风格。梅兰芳在日后致力于人物、花鸟两类，而鲜少在山水与书法上下功夫，显然与其起步时所接触与学习的绘画风格有着莫大的关联。

家庭的影响使梅兰芳有着雅洁的意趣与深厚的文化素养，不过仅凭临摹自学，离成为一名专业的画家还是有着不少的距离。以他自己的感悟，便是"我对用墨调色以及布局章法等，并没有获得门径，只是随笔涂抹而已"。[1] "隔行如隔山"的梅兰芳在此时遇到了瓶颈，幸运的是一次偶然的契机，让梅兰芳得以拜绘画名家王梦白为师，从此走上了专业绘画之路。

王梦白（1888—1934），中国现代中国画画家。名云，字梦白，号破斋主人，又号三道人，祖籍江西丰城，出生于浙江衢州（今柯城区）。因住地与三溪接壤，自号三溪渔隐，即"三道人"的来源。幼年在灯笼店、钱庄当学徒，刻苦读书，勤奋作画，称居所为映雪馆，又称三衢读画楼。少为钱庄学徒，因学画任颐花鸟画，为吴昌硕所赏。后至北京，陈师曾劝其

---

1 梅兰芳口述，许姬传记录：《舞台生活四十年》，中国戏剧出版社，1986年版，第499页。

王梦白《螃蟹》

改学李蝉、华嵒，艺事大进，并推荐他为北京美专（北平艺术专科学校）中国画系主任、教授。善花卉翎毛，喜写生，尤擅画猴，他的得意弟子有王雪涛、王羽仪。

从美术史的角度说，王梦白有突出的地位。在民国时期他与齐白石、陈师曾、吴昌硕等可以比肩。王梦白画画很全面，花卉草虫是最擅长的，山水人物画得也很精彩。他还以书法见长，能诗作对，题画常有佳句。

梅兰芳最早正式拜师的便是王梦白，这得益于罗瘿公的牵线搭桥。罗瘿公有感于梅兰芳对绘画艺术的苦心孤诣，便介绍了王梦白来梅府对其进行专业的指

陈师曾、王梦白《佛手荔枝》

导。据梅兰芳回忆，王梦白每周一、三、五来授课，采取当面示范的方式，让梅兰芳注意与学习他的下笔方法和如何使用腕力。王氏每画好一张，便用图钉按在墙上，让梅兰芳进行临摹，并从旁进行指点。王梦白教导梅兰芳："学画要留心揣摩别人作画，如何布局、下笔、用墨、调色。日子一长，对自己作画也会

有帮助。"[1]王梦白取法新罗山人，他笔下生动，机趣百出，最有天籁。他擅长花鸟猿禽，得意之作均出自观察写生，并且能够不受传统笔法的束缚。据梅兰芳在《舞台生活四十年》中回忆：

1 梅兰芳口述，许姬传记录：《舞台生活四十年》，中国戏剧出版社，1986年版，第500页。

王梦白作画并不完全依靠临摹，而在于意趣与观察。他善于捕捉入画对象的基本体貌以及动态时的特征，绘作昆虫之类时，一定要捉了活的螳螂、蟋蟀、蜜蜂……来看，一毫一发，反复端详，从不马虎。

其弟子王雪涛也曾经回忆说，王梦白作画时并不死守某种笔法，而是"转运自如"，"根据表现内容与作者之意，该用什么笔法就用什么笔法"。王雪涛称王梦白作画有"三快"，即眼快、手快、心快。王梦白的绘画理念对梅兰芳产生了深远的影响，且不仅限于绘画本身，于他学戏而言亦是大有裨益。梅兰芳从王梦白处明晰了学戏与绘画一样，勤学苦练是基础，在此基础之上要善于观摩别人的表演，从中借鉴、学习其在舞台上刻画与塑造人物的技巧与特征。同时，

王梦白《花鸟》　　　　王梦白《棕树双猪》

还要留心生活，将生活中的细致与逻辑合理运用于舞台。所以，我们看到舞台之上的梅兰芳并不是在表演人物而是塑造人物，是属于他自己的风格，这都得益于他在学习绘画上的感悟。

于绘画本身而言，王梦白教授梅兰芳画花卉、翎毛、草虫、人物等，可以说对其后期绘画风格的定型起到了开蒙的作用。梅兰芳不是山水大家，而确是闺阁画风的高手，一方面与其家庭环境的熏陶、戏曲表演的职业有关，另一方面更为重要的因素便是受其绘画授业老师王梦白个人画风的影响。

在跟随王梦白学画期间，梅兰芳又先后结识了许多绘画名家，如陈师曾、金拱北、姚茫父、汪霭士、陈半丁、齐白石等。这些绘画名家时常汇聚一堂，相互交流，并且共同作画。梅兰芳在与这些绘画名家的交游中，进一步提升了自己的技艺。

一九二四年，我三十岁生日，我的这几位老师就合作了一张画，送给我作为纪念。这张画是在我家的书房里合画的。第一个下笔的是凌植支先生，他画的一株枇杷，占去了相当大的篇幅，姚茫父先生接着画了蔷薇、樱桃，陈师曾先生画上了竹子、山石，梦白先生就在山石上画了一只八哥。最后，轮到了齐白石先生。这张画基本完成，似乎没有什么添补的必要了，他想了一下，就拿起笔对着那只张开嘴的八哥，画了一只蜜蜂，这只蜜蜂就成了八哥觅食攫捕的对象，看去特别能传神，大家都喝彩称赞。这只蜜蜂，真有画

王梦白《芙蓉双雀鸳鸯》

龙点睛之妙。它这幅画显得生气栩栩。画好之后，这幅画的布局、意境都发生了变化。白石先生虽然只画上了一只小小的蜜蜂，却对我研究舞台画面的对称很有参考价值。

——《舞台生活四十年·从绘画谈到〈天女散花〉》[1]

之后，梅兰芳虽向多位名家学习绘画，但他对人始终声称："吴菱仙是我学戏的开蒙老师，王梦白是我学画的开蒙老师。"

---

1 梅兰芳口述，许姬传记录：《舞台生活四十年》，中国戏剧出版社，1986年版，第501页。

王梦白《花鸟》

　　自幼受到良好的家庭书香氛围熏陶的梅兰芳，对绘画产生了浓厚的兴趣，后又拜得名师王梦白，并结识了当时众多的绘画名家，这对他的绘画创作与古典艺术素养的提升具有积极的影响。梅兰芳在绘画学艺的道路上，日益精进，转益多师，并将绘画与戏曲相互融合，在这两门不同类别的艺术上，均形成了自己的风格。

吴昌硕

二、忘年之交

与吴昌硕的二三往事

2019年的"刘海粟美术馆海派绘画年度研究展"吸引了国内外众多绘画爱好者的目光，这是一场学术含量极高的视觉盛宴。期间，上海吴昌硕纪念馆原馆长、吴昌硕曾孙吴越拿出了一件罕见的珍品。这是一幅由吴昌硕、梅兰芳合作完成的花鸟扇面，近百年来首次露面。

吴昌硕、梅兰芳合作扇面

从画面来看，生动可爱的绶带鸟，古意盎然的线条，沉稳的色调，三角形的构图，带有明显的吴氏美学风格。据吴越介绍，这件扇面为 1921 年夏，吴昌硕之子吴东迈至北平时梅兰芳所赠。吴东迈返沪后呈与父亲赏鉴，年已七十八岁的老先生观后大喜，赞叹不绝，遂于扇上题长跋，描述此扇的来龙去脉，并称赞画作"尤美妙"。随后，吴昌硕又请词人况惠风填《浣溪沙》词一阙，由文人朱孝臧抄录并书扇背。题录与款识如下：

东迈先生雅正，梅兰芳。

客岁春夏间，畹华来沪，有过从之雅。尝作画奉贻，别去乎乎隃年矣！

迈儿归自京师，出画扇，则畹华之贻。画尤美妙，当设色写生时必念及缶庐颓老，重可感也。迈能珍弄之，沤尹曰：是亦善承缶指也。辛酉大暑日书此一笑，时缶年七十八。

绾结同心绶带宜，合欢消息好春时，妍风怀袖美人贻。容易彩毫消玉腕，何如翠羽悬琼枝，白头犹自说相思。浣溪沙。蕙风填词，老沤书。钤印（朱）缶（朱）孝臧（朱）。

这柄跨越京、沪，凝结四位名家心血的折扇，见证了吴昌硕与梅兰芳之间的深厚情谊。一位是享誉中外、名满天下的海派画坛泰斗，一位是如日中天、蜚声国际的戏曲名家，且二人年龄相差有五十岁之多。看似无可能有交集的二人却对彼此的艺术推崇备至，极为赞赏，并结下了忘年之交。这一切的源头要从梅兰芳首次去上海演出谈起。

1911 年，吴昌硕举家迁入上海北山西路吉庆里 923号，这里也成了吴昌硕人生最后的归宿。上海本是鱼龙混杂之地，既能享受先进文明的"海派之风"的吹拂，亦不乏隐居沪上遵守传统、诗书画印兼备的前清遗老，如陈三立、沈曾植、朱祖谋、况周颐等人。他们成立了"超社""逸社"等社团，经常在一起咏诗填词，赏画治印。鼎鼎大名的吴昌硕自然是多个雅社争相邀请的对象与座上之宾，吴昌硕与诗友名家诗画酬唱，怡然自得。此外，他本人对戏曲尤其昆曲是极为热爱的。据他的小儿子吴东迈回忆："小时候，老爷子每完成一件满

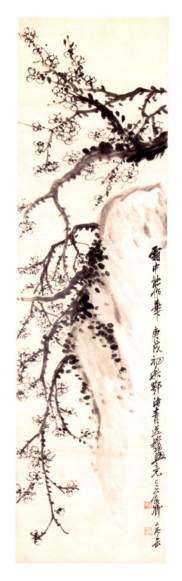

吴昌硕《枇杷图》　　　　吴昌硕《梅花》

意的作品，心情特好时就会在画桌上拍着板眼，用家乡土话轻哼昆曲《长生殿》中的片段。"与朋友去戏院听戏也成了吴昌硕晚年在上海的一大爱好。

民国初年，袁世凯之子袁克文一度隐居沪上。他不仅写得一手好字，还精通音律，善度曲，常袍笏登场，是当时的京剧名票。他在沪期间，常邀同好作文酒之会，讨论戏曲，诗歌唱和，兴味盎然。吴昌硕通过袁克文认识了京剧名角梅兰芳、荀慧生等人。

1913年，梅兰芳应许少卿之邀到上海演出。当时的梅兰芳只有二十岁，在梨园行的名气并不算大。为了在上海滩一炮打响，许少卿精心策划，选在当时上海最有名的戏院丹桂第一台演出，还盛邀"海派"名流领袖前来助兴。作为当时著名的书画团体——"海上题襟馆书画社"的领军人物，吴昌硕也在其中。梅兰芳第一次在上海演出就产生了巨大的轰动，大街小巷男女老少交口称赞。当时流传在里弄中的那句俗话老上海们至今记得："讨老婆要像梅兰芳，生儿子要像周信芳。"吴昌硕观看梅兰芳的演出后也是称赞不绝，认为绝妙。

前文已述，梅兰芳自幼受家学渊源的影响，具有深厚的文化素养，尤其喜爱作画。此时的梅兰芳虽还未正式涉足画坛，却早对声名远播的吴昌硕心生敬慕，奈何无缘相识，徒增遗憾。1914 年，梅兰芳再次南下演出，获悉袁克文与吴昌硕相知，就携带自作的梅花图由袁引见，当面向大师请教。当时的吴昌硕已七十岁了，梅兰芳只有二十岁，二人不仅年龄悬殊，社会地位亦相去甚远。旧时的伶人被认作是让人戏狎玩赏的，社会地位低微，是难登文人雅士之门的。不料两人却一见如故，从此结为忘年交。日后，梅兰芳每次来沪演出，都会第一时间到缶庐拜访吴昌硕，虽未入室而执弟子礼甚恭。1920年8月，梅兰芳北归前向大师辞行，吴昌硕当场画了一幅墨梅图相赠，并题诗二首：

翾风舞袖翠云翘，嘘气如兰堕碧宵。

寄语词仙听仔细，导源乐府试吹箫。

画堂崔九依稀认，宝树吴刚约略谙。

梅影一枝初写罢，陪君禅语立香南。

《缶庐集》卷四

梅兰芳得画大喜，再次来沪演出时，专门宴请吴昌硕等沪上名家，大家欢聚一堂，饮酒作诗，游园绘画。吴昌硕当场与人合作了手卷《香南雅集图》，王国维、陈三立、沈曾植等学者名流纷纷在画上题诗作跋，一时间奉为佳话。

之后，吴、梅二人私交愈笃，两家来往密切，于是便有了开篇所展折扇之事。1921 年深秋，梅兰芳来沪演出，袁克文邀请梅兰芳、吴昌硕等社会名流汇聚一堂，持螯赏菊。兴致大好的吴昌硕现场为梅兰芳作朱梅一幅，因墨迹未干，约好回家加盖印章后再来取。不料梅兰芳京城家中有变，次日便匆匆返程，此画也就一直留在了吴家。

1923 年，离梅兰芳与王凤卿首次访沪演出已有十年。十年后，两人再次献艺于上海法租界郑家木桥老共舞台。

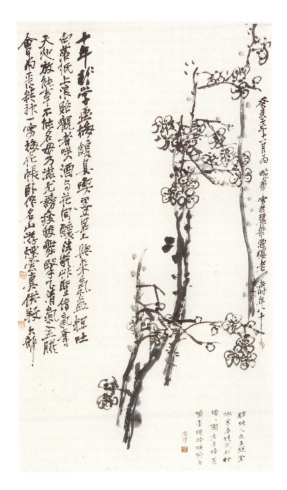

吴昌硕《墨梅》

趁着演出的间隙，梅兰芳主动为恩师王瑶卿向吴昌硕求画，吴老欣然答应，十分用心地画了一幅《岁朝清供》。款识为：癸亥冬饮，美丽畹华为瑶卿索画，呵冻成之，老缶年八十。

梅兰芳之外，同为"四大名旦"之一的荀慧生也喜作画。1921 年秋，荀慧生来沪献艺，经吴昌硕晚年好友刘山农介绍，荀慧生将自己所绘的花鸟册页当面奉与吴老请教。吴昌硕很欣赏他的才艺，不仅悉心指点，还借李白诗句"白也无敌"书赠之（荀的艺名为"白牡丹"），以资鼓励。自此之后，荀慧生每至上海演出必执弟子礼亲自上门问安，直至 1927 年 3 月，他正式拜师吴昌硕，成为吴门弟子。

1923 年农历八月初一，吴昌硕八十岁寿辰，其师友、弟子皆齐聚华商别墅庆祝。梅兰芳、荀慧生到场为老师祝寿并献唱，吴老为二人出难题，令双方互换，表演对方曲目。梅兰芳演唱了荀派代表作《拾玉镯》，荀慧生与袁寒云合唱梅派《审头刺汤》。当晚表演，完美无瑕，精彩纷呈，众人惊诧。问及因由，吴昌硕答道："艺术若打破惯常思维，反而有意想不到的效果。"可见吴昌硕之于梅兰芳，并不仅仅是简单的绘画师尊，他对梅兰芳艺术思维的培养与拓展也有重要的帮助。梅兰芳日后在戏曲表演上勇于突破旦角固有的局限，打破严格的行当壁垒，确立以人物为中心的舞台表演体制，正是打破惯常思维所取得的意想不到的效果。

梅華比壽春如海

樂府道源風遇簫

晚華閣主人三十六慶書此頌之時癸亥挑杪

八十老人吳昌碩

吳昌碩書對

　　吴昌硕是"后海派"的代表，杭州西泠印社首任社长，与厉良玉、赵之谦并称"新浙派"的三位代表人物，与任伯年、蒲华、虚谷合称为"清末海派四大家"。他集"诗、书、画、印"为一身，融金石书画为一炉，被誉为"石鼓篆书第一人""文人画最后的高峰"，在绘画、书法、篆刻上都是旗帜性人物，在诗文、金石等方面均有很高的造诣。这样一位德高望重的艺术大师能不囿成见，与当时社会地位远不及己的伶人梅兰芳结成忘年之交，鼓励与提携后辈，展现了他远见的卓识与宽广的胸襟。同时也反映出，此时伶人的社会地位在提高，他们可以与文人名仕平等交往、寻觅知音、携手共进。

梅兰芳与齐白石合影

三、亦师亦友

与齐白石的师生情缘

梅兰芳在师从王梦白期间，认识与结交了众多的绘画名家，其中分量最重的一位莫过于齐白石了。

齐白石（1864—1957），原名纯芝，字渭青，号兰亭，后改名璜，字濒生，号白石、白石山翁、老萍、饿叟、借山吟馆主者、寄萍堂上老人、三百石印富翁，祖籍安徽宿州砀山，生于湖南长沙府湘潭（今湖南湘潭），近现代中国绘画大师，擅画花鸟、虫鱼、山水、人物，笔墨雄浑滋润，色彩浓艳明快，造型简练生动，意境淳厚朴实，所作鱼虾虫蟹，天趣横生。

梅兰芳与齐白石的相识，最早要追溯到1920年秋天。彼时的齐白石并没有现今的名气，经好友齐如山引荐后，他在缀玉轩（梅兰芳府宅）首次拜访了梅兰芳。梅兰芳对到访的齐白石倍加尊崇，亲自为其铺纸研墨，以求墨宝。

齐白石 1920 年绘《菊、雀》

43

梅兰芳爱养花，尤其是牵牛花，齐白石在其诗集中有明确记载：

飞尘十丈暗燕京，缀玉轩中气浊清。

难得善才看作画，殷勤磨成墨三升。

牵牛花在中国的芳草园中本不起眼，多为田间野地自由生长的花草，鲜少受到文人墨客的注意，遑论吟咏。梅兰芳却对不甚起眼的牵牛花情有独钟，不仅在自家院中种植，还将日本园艺家改良后的矮种牵牛花移植到盆中栽种，作盆景把玩之趣。这种养在盆里的牵牛花不但可以开出五颜六色甚至带花纹的花朵，而且体型硕大。梅兰芳所养的这些牵牛花成为他与文人墨客、绘画名家相邀赴会的媒介。每到花开季节，梅氏常邀请京师画苑的名家陈师曾、齐白石、姚茫父等人前来品茗赏花、挥毫作画。借此契机，也是他向名家请教学画的良机。他态度严肃虔诚，齐白石对梅府的文化氛围是极为欣赏的。从齐白石的画集中，可查到他书写梅兰芳家中牵牛花的笔墨。画卷上是梅兰芳盆栽的牵牛，题后有注："畹华尝种牵牛百本。"此外，琉璃厂荣宝斋精制的木刻水印笺纸，也有白石翁作的梅家牵牛花，题字是："梅畹华家牵牛花碗大，人谓外人种也。余画此最小者。"齐白石在题《牵牛花图》中写道："京华伶界梅兰芳尝种牵牛花万种，其花大者过于碗，曾求余写真藏之。姚华见之以为怪，诽之。兰芳出活本与观，花大过于画本。姚华大惭，以为少所见也。"牵牛花能成为齐白石花鸟画中最为常见的选题，与他和梅兰芳的亲密交往不无关系。后来他还精心画了一幅赠予梅兰芳，题曰："畹华仁弟尝种牵牛花数百本，余画此赠之，其趣味较所种着何如！"梅氏将此画视若珍宝，一直悬挂于自己的起居室。

梅兰芳正式拜师齐白石要到 1924 年了，此时，他在梨园界如日中天。齐白石言道："你这样有名，叫我一声师傅就是抬举老夫了，就别提什么拜师不拜师的啦……"梅兰芳听后不以为然，而是坚持行了拜师之礼。此后，他学画非常认真，只要没有排练与演出活动，必定按时到齐白石那里学画。进门必先鞠躬问好，在师从齐白石不久后，他的工虫画便大有益进，栩栩如生。

齐白石《牵牛花图》

齐白石的画法得力于徐青藤、石涛、吴昌硕。他的作品疏密简繁，无不合宜，章法奇妙，意在笔先。他的画反对不切实际的空想。他本人也经常注意花、鸟、虫、鱼的特点，揣摩它们的精神。主张艺术"妙在似与不似之间"，衰年变法，形成独特的大写意国画风格。梅兰芳在《舞台生活四十年》中曾回忆齐白石的绘画风格，认为他的草虫细致生动，跃然于纸上，栩栩如生，下笔准确度与速度惊人，惜墨如金，极具章法。

齐白石爱看梅兰芳的戏，梅兰芳就经常派黄包车接他来观看自己的演出。在寒冷的冬日，细心的梅兰芳担心老师脚冷，便总是吩咐车夫要在车里放块暖脚的毯子。有一年农历腊月二十三小年的晚上，梅兰芳在长安大戏院演戏，离白石老人的住所很近，于是又

梅兰芳竹石草虫图轴

齐白石《蔬果虫鸟 册页》

派人接来，将他安排在前面的座位上。这天的名角儿多，一折一折地唱。梅兰芳是压轴，唱的是《贵妃醉酒》，特别受欢迎，一连返了三次场，观众还掌声不绝。这戏也将齐白石的兴致调动起来了，戏罢了他意犹未尽，说要到后台看看徒弟，便走进梅兰芳的化妆室。梅兰芳累得正坐在椅子上喘息，妆也还没顾得上卸。见到齐白石，急忙起身搀扶他落座。齐白石坐下，用手揉大腿，说是腿麻了。梅兰芳说："您一定是坐的时间长，脚受凉了。"说着，就蹲下身将齐白石的鞋脱掉，把他的脚放在自己的膝盖上，贴近胸口用两手给暖着。同时喊人打来热水，给齐白石烫一烫脚。他的举动，一时间让周围的人惊诧不已，一位享誉中外的戏剧大师，对待老师的谦卑与尊敬令人叹服。齐白石本人也惊住了，感动得热泪盈眶。

1946 年 10 月，中华全国美术会在南京为齐白石举办展览，当时恰逢梅兰芳与齐白石在金陵叙旧。梅兰芳特邀齐白石至国民大戏院观赏自己的《霸王别姬》，并在演出结束后，专为齐白石谢幕一次。

中华人民共和国成立后，梅兰芳与齐白石皆在国家文化机构担任职务，二人又有了频繁交流的机会。1952 年，齐白石应邀到颐和园协助拍摄纪录片。其间，片场有拍摄放飞鸽子的需求，拍摄完成后，齐白石还向梅兰芳请教鸽子生活的习性。原来此时的齐白石亦在家中饲养起了鸽子，观察鸽子的飞行动作，为自己的创作提供素材。

齐白石《鲜桃荔枝》

对一个年龄相差三十岁的学生后辈，白石老人没有丝毫的颐指气使，拿出艺术名家的派头，而是多次为其题诗作画，态度完全是对待朋友的谦卑与感激。足见梅兰芳高尚的人品与谦虚的为人征服了齐白石，二人的师生情谊也一直维系终生。晚年的齐白石曾多次到梅兰芳的新居护国寺街9号院（现为梅兰芳纪念馆）做客，并在梅兰芳拍摄舞台艺术片时时常探望。

从齐梅二人的交游来看，二人自相识之后，便保持着深厚的情谊。齐白石简约凝练的画风与写意留白的创作理念，对梅兰芳的绘画风格形成及他对戏曲美学的感悟与思考，起到了积极的推动作用。

齐白石《游鱼图》

梅兰芳《天女散花》剧装照

四、艺坛佳话

与徐悲鸿的互慕互敬

《天女散花》是梅兰芳继《嫦娥奔月》之后，所创排的又一部古装新戏，在其早期的演艺生涯中，搬演频率很高，是他新编戏中的重要代表作品。并且，随着梅兰芳访日与访美演出活动的成功，《天女散花》也被带出了国门，展呈于国外舞台之上。

提及《天女散花》的创编，缘起于画。梅兰芳在朋友家中做客时，偶然看到了一幅《散花图》，画中的天女风带飘逸，体态轻灵，画得生动美妙。梅兰芳正痴醉于画中人物，凝神欣赏，身边的朋友则将其打断，建议他是否可以在《嫦娥奔月》之后，再排一出《天女散花》。梅兰芳欣然接受，并带走了这幅《散花图》回去仔细端详。

这幅《散花图》给梅兰芳带来了创作的灵感。画中，衣带翩跹的天女对梅兰芳舞台人物形象的塑造有所启发。梅兰芳所饰演的天女，参照画中人物形象，增添了绸带，并以此为道具，在第四场"云路"和第六场"散花"中，创造了许多优美的舞蹈动作。这种新式舞蹈——"绸舞"，对于京剧舞蹈艺术的改进起了很大的作用。此外，关于戏曲人物具体的服饰与动作，梅兰芳则参考了大量的木刻、石刻、雕塑以及各种宗教图画。其中，敦煌壁画的影响最为深远。敦煌壁画中的各种"飞天"画像对舞台上"天女"的形体姿态的塑造提供了极有价值的参考，"天女"的多处舞台造型与"飞天"形象高度相似。

《天女散花》1917年首演于吉祥园，一经搬演便取得了轰动的效果，并被梅兰芳时常不断地表演，甚至还会出现在堂会戏之中，成了早期梅兰芳名声最响与最叫座儿的一出戏。

梅兰芳纪念馆珍藏了一幅徐悲鸿绘制的《天女散花图》，即依据梅兰芳舞台表演形象而作。关于这幅

花落纷下丁九窆主逆空雜菩薩相此展疑神警其心愿房陆其彼閃神堆

戊午暮舟為

吹笙窈宪呅凌旻方天女散花之象   江南徐悲鸿

後人觌諴像郁無術宣方文驱顏不青徐土得

妙筆安和天女在人間

戊午十二月   寮玄題

徐悲鸿《天女散花》

画的缘起，社会与学界流传着不同的说法，莫衷一是，如今已难以厘清其中是非了。

梅兰芳之子梅绍武曾在《〈天女散花〉和徐悲鸿》一文中记录此事："事情是这样的。父亲自青年时代就为了提高自己的艺术修养而学习绘画，结交了不少著名画家。1918 年春，徐悲鸿先生看了《天女散花》演出后，觉得它宛如一幅美丽的画卷，便提出要为我父亲画一幅他所扮演的天女像。他事先索取几幅剧照作为参考，然后花了一周工夫精心绘制成一张大型油画《天女散花图》赠给我父亲。那幅画，天女的脸部是用西洋写真的画法，而身躯线条和花纹则用国画笔法勾勒，真可说是他早期的一幅中西合璧的杰作，而今看来也可以说是当代两位艺术大师深厚友谊的见证。"[1] 从梅绍武的介绍来看，《天女散花图》是徐悲鸿有感于梅兰芳的精妙表演，主动提出为其绘像，并索取了照片以作参考。在具体画法上，采取了中西合璧的方式。

在《梅兰芳艺术年谱》一书中，亦曾对此事有过详细的描述："1918 年 4 月，由罗瘿公介绍，结识画家徐悲鸿。当徐悲鸿来到剧场里观看梅兰芳演出的古装新戏《天女散花》，便为梅兰芳精心绘制彩色《天女散花》一幅，并题：花落纷纷下，人凡宁不迷。庄严菩萨相，妙丽藐神姿。款题：'戊午暮春为畹华写其风流曼

---

[1] 梅绍武：《父亲梅兰芳》，文化艺术出版社，2014 年版，第 198 页。

妙天女散花之影。江南徐悲鸿。'这幅画，开脸采用西法写真，衣纹、线条采用中国画的勾勒画法，部位准确，色彩调和，最有趣的是面部像梅兰芳，而眼睛'分明'又像徐悲鸿自己。梅兰芳请罗瘿公在画心题一绝：后人欲知梅郎面，无术灵方更驻颜；不有徐生传妙笔，安知天女在人间。"[1]

另有《文化人的人情脉络》一书，在第三部分《戏观一致——程砚秋与徐悲鸿》一文中写道："1918 年年底，徐悲鸿为程砚秋绘了两幅画，一幅是梅兰芳《天女散花图》，作为程砚秋拜梅兰芳为师的拜师礼物；一

---

1 谢思进、孙利华：《梅兰芳艺术年谱》，文化艺术出版社，2009 年版，第 67 页。

幅是程砚秋《武家坡》剧照像。那幅剧照像后来意外遗失了。1926年，此画出现在琉璃厂。程砚秋友人出高价将画购回，送给了程砚秋。程砚秋大喜。"[1]

关于徐悲鸿所作的《天女散花图》，共有以上三种说法。其中，流传最广的便是第三种说法，在网络上传播频率极高。纵观以上三种提法，前两种较为接近，且梅兰芳纪念馆存有记载中所提及的剧照。照片中的人物形象及动作与画中的形象、动作高度吻合，画作中的题赞、落款也与所载一致。此外，《徐悲鸿年谱长编》对此事的记载与《梅兰芳艺术年谱》保持了一致——在备注中有"据梅兰芳的秘书许姬传上世纪

---

[1] 赵联、王一心：《文人的人情脉络》，团结出版社，2008年版。

60 年代初的文章及梅绍武 1984 年出版的《我的父亲梅兰芳》一书"[1]。又有《程砚秋史事长编》记述："1918年春，徐悲鸿看了梅先生演出的《天女散花》后，绘制了一幅大型国画相赠。"[2] 以两书所载作为辅证来看，基本均认可徐悲鸿观看梅兰芳《天女散花》后，主动为其作画的说法。而此画融汇了中西两方技法，存在"油画"与"国画"的误读不足为奇。

至于《文化人的人情脉络》中所提之事并未予以专业的注释标明出处。至于程砚秋拜梅兰芳为师一事，据《梅兰芳艺术年谱》与《程砚秋史事长编》

---

1 王震：《徐悲鸿年谱长编》，上海画报出版社，2006 年版，第 23 页。

2 北京市政协文史资料委员会编，程永江主编：《程砚秋史事长编》，北京出版社，2000 年版。

记载，时间为 1919 年。《梅兰芳艺术年谱》录："本年，经罗瘿公介绍，程砚秋拜在门下执弟子之礼。"[1]《程砚秋史事长编》载："程艳秋在十五岁时，在罗瘿公安排下，拜在梅兰芳门下执弟子之礼。"[2] 从程砚秋 1919 年正式拜师，与《天女散花》1918 年春创作的时间节点来看，此画为程砚秋的拜师礼的说法似难以站得住脚。

这段私交往事，虽众说纷纭，难以定论，却无法掩盖画作背后两位不同领域艺术大家的惺惺相惜与珍

---

[1] 谢思进、孙利华：《梅兰芳艺术年谱》，文化艺术出版社，2009 年版，第 86 页。
[2] 许姬传，等：《中国四大名旦》，河北人民出版社，1990 年版，第 146 页。

贵友谊。据梅绍武回忆，梅兰芳对这幅《天女散花图》视若珍宝。"父亲一直把这幅画珍藏在身边，直到新中国成立后才把它裱糊起来挂在北京护国寺（甲）1号[1]住家的南客厅里。1961年8月，父亲病逝后，周总理指示建立梅兰芳纪念馆。在未建成之前，故居内部一切摆饰不动，保留原样，因此徐先生那幅画一直照旧挂在梅华诗屋里。'十年动乱'之初，梅氏故居不幸遭到严重破坏，那幅画被拆下劫走，也一直下落不明。"[2]1962年，梅兰芳夫人福芝芳与子女商议，将梅府所藏字画、书籍、文物以及梅兰芳生前剧照悉数捐给国家，暂由梅先生生前所在单位中国戏曲研究院

---

1 即现在的北京护国寺街9号梅兰芳纪念馆。
2 梅绍武：《父亲梅兰芳》，文化艺术出版社，2014年版，第199页。

保管。1983 年，原文化部成立梅兰芳纪念馆筹备组，接管并清点中国戏曲研究院所收梅家所捐出的资料。1985 年 12 月，梅家所捐赠的藏品被分批运到梅兰芳纪念馆，其中就有这幅《天女散花图》。直到 1986 年 10 月，这幅珍贵的失而复得的画作于梅兰芳纪念馆再次面世，向世人展现它的风采。

梅兰芳《天女散花》

五、中外交流

与日本画界的交往

1919年，梅兰芳首次访日演出，日本画界对他精妙绝伦的表演如痴如醉，竞相为其写生。日本著名绘画大家镝木清方以擅长绘画美人著称，以"天女散花"为题材，画了一幅题名为"天女散华"的作品。油画家有岛生马在帝国剧场观看了梅兰芳的公演后，写下了《梅兰芳赞》，盛赞梅兰芳精彩的表演。

此时的梅兰芳凭借其极具东方古典魅力的精湛演技，征服了日本画坛，而他本人也同日本画家进行了交流。1954 年 5 月 14 日，梅兰芳在大仓喜七郎的陪伴下在箱根的富士土屋旅馆见到了日本画家小室翠云。小室翠云是日本"南画"流派的权威。

1926 年，东方绘画协会正式成立，该协会的前身为中日联合绘画展览会，顾名思义，是专业承办中日两国绘画名家作品交流活动的展览机构。自1921 年始至 1929 年，中日两国交互举办展览活动，中方由金绍城负责，日方以渡边晨亩为中心，在中日局势日益紧张的情况下，展览前后共举办了五届。

在 1922 年（第二届）与 1926 年（第四届），梅兰芳的绘画作品均出现在会展中，题材是"佛像"与"普贤菩萨像"。据当年日本《读卖新闻》的报道，金绍城、陈师曾、吴熙曾一行人出席了第二届展览的盛会，陈师曾于 1922 年 4 月 24 日抵达日本东京站时，提及会提交梅兰芳的两幅"佛像"作品。

关于日本美术界对梅兰芳所画佛像的评价，当时的《美术画法》给出了"作品简洁，配色很好"的评论。可见，彼时的梅兰芳虽只是初涉画坛，并非专业

梅兰芳手绘佛像

73

画家，却凭借正规的训练与个人的天赋，得到了日本画界的赞誉。

当时，在以箱根为据点展开的绘画活动中，小室翠云曾协助渡边晨亩、荒木十亩等为中日联合绘画展览会贡献了一分力量。1924年梅兰芳第二次访日演出时，小室翠云、渡边晨亩、荒木十亩举办了欢迎会。据《都新闻》记载，梅兰芳自10月18日从日光旅行回到东京，与歌舞伎演员市川左团次见面后，便出席了由三位画家在老辅料亭举办的欢迎会。

1930年1月18日，梅兰芳离开上海去美国访问演出，在赴美期间，曾在日本停留了三日左右。在1月21日的晚上，梅兰芳出席了日本画家主办的欢迎会。出席此次欢迎会的两位美术界的代表为冈田长景与正木直彦。两位均是日本美术界的杰出人物，前者曾做过文部大臣以及国立近代美术馆馆长，后者曾长期担任京东美术学校的校长。关于此次的盛会，二人皆在自己的日记中予以记录。

一月二十一日·星期二·晴

晚上八点，东方绘画协会在红叶馆招待梅兰芳，我出席作陪。简单地用过晚餐，赶赴红叶馆。梅君、李君之外，还有两三位同行人员、两名公使馆员，还有阪西中将、玉堂、大观、十畝、百穗、映秋、晨畝、正木、沟口、北浦、岩村等大约三十人参加，堪称盛会。十点过后，解散回府。

《冈田长景日记》

渡边晨畝 《观音》

一月二十一日·晴

下午二点，在东京会馆出席大仓男爵主持的为欢迎中国名演员梅兰芳而举办的欢迎茶会。梅兰芳利用去美国的机会，经停日本，访问帝都。（略）晚上八点东方绘画协会举办了梅兰芳欢迎会。堪称盛会。

《正木直彦"十三松堂日记"》[1]

---

1 转引自（日）佐佐木干：《梅兰芳与日本画界交流》，刘祯主编：《另一个梅兰芳·梅兰芳绘画与表演艺术论文集》，第 120‑121 页。

通过二人的日记可以看出，出席此次盛会的人员规模是非常庞大的，基本涵盖了日本国内的顶级绘画名家。

另据《东游记》记载，梅兰芳 1956 年最后一次访问日本演出时，日本著名画家三木翠山赠送给梅兰芳一幅美人图。与此同时，日方在介绍梅兰芳访日公演的杂志与报纸上，也刊登了日本画家的作品。

在梅兰芳纪念馆，现存有日本友人赠送给梅兰芳的珍贵画作 23 幅，详细记录如下表。

渡边晨畝《孔雀》

小室翠云《山水》

梅兰芳纪念馆藏日本友人所赠绘画作品

日本画家松本幸四郎画立轴　　　　　　　己未年四月（1919年）

松本幸四郎　　　　　外：109×38（cm²）　芯：30×28（cm²）

为梅兰芳画《梅》（方心）

日本画家小室翠云画立轴　　　　　　　　辛酉年夏（1921年）

小室翠云　　　　　　外：254×49（cm²）　芯：134×31.5（cm²）

为幼伟先生画《山水》并有题句

日本画家春水、香浦、十畝　　　　　　甲子年五月初七

等合绘立画立轴　　　　　　　　　　　　（1924年）

春水、香浦、十畝等　　　外：265×61（cm²）　芯：162×42（cm²）

《花卉》

日本演员村田嘉久子画立轴　　　　　　甲子年秋（1924年）

村田嘉久子　　　　　外：212×45（cm²）　芯：131×30（cm²）

为畹华画《竹》

镜　心　　　　　　　　　　　　　　　　　　1925年

福地信世　　　　　　　　　48.5×33（cm²）（竖）

日本画家为梅兰芳画帝国剧场尾上海幸郎

演"妖怪小板部姬"舞台形象

福地信世所绘富士山

镜　心　　　　　　　　　　　　　　　　　　　1925年

福地信世　　　　　　　　　　　　　33×40（cm²）横

日本画家为梅兰芳画富士山景

日本诗人田边华画立轴　　　　　　　　　丁卯年春（1927年）

田边华　　　　　　　外：263×52（cm²）　芯：135×33（cm²）

小春月，京为梅兰芳画《山水》，并题诗一首

下署：碧堂居士

日本画家渡边晨畝画立轴　　　　　　　庚午年一月（1930年）

渡边晨畝　　　　　　外：224×46（cm²）　芯：129×34（cm²）

为梅兰芳漫游欧美画赠《老松苍鹰图》

下署：晨畝

日本画家松树雄画立轴　　　　　　　　　辛未年秋（1931年）

松树雄　　　　　　　外：118×76（cm²）　芯：41×63（cm²）（横）

画《太湖秋色山水》立轴，并题诗

落款：天籁

日本画家画立轴　　　　　　　　　　　　　　　1957年

佐藤大宽　　　　　　外：144×46.5（cm²）　芯：47×33（cm²）

为梅兰芳画《贵妃醉酒》像（原题复制本）

佐藤大寛《贵妃醉酒》

日本画家佰仙画富士山图立轴

佰　仙　　　　　　外：180×58 (cm²)　芯：50.5×55.5 (cm²)

为梅兰芳画《富士山》图，时年八十一岁

日本画家春章等画镜心

画人物、风景、花鸟、版画镜心

日本浮世绘彩色画幅镜框　　　　　　庚午年一月（1930年）

胜川春章　　　　　　外：53×38 (cm²)　内：37×25.5 (cm²)

日本浮世绘彩色画幅镜框

日本歌舞伎画师八代目鸟居清言画堂幅

八代目鸟居清言　　　外：210×83 (cm²)　芯：130×81 (cm²)

歌舞伎人物像堂幅

上款：献梅兰芳先生

日本画家渡边晨畝画横幅

渡边晨畝　　　　　　外：138×49 (cm²)　芯：94×43 (cm²)

画《山水》

落款：晨畝

《富士山图》

日本画家渡边晨畝画横幅

渡边晨畝　　　　　　　外：255×55（cm²）　芯：114×34（cm²）

为梅兰芳先生画《孔雀》立轴

日本画家画方幅镜心

　　　　　　　　　　　　　　　　　　芯：27×24（cm²）

画《雁来红》镜心

日本画家锦岛画幅　　　　　　　庚午年一月（1930年）

锦　　岛　　　　　　　　　　芯：45.5×27.5（cm²）

画《瀑布风景》画幅，单页

日本画家柿子笔画幅小方镜框

　　　　　　　　　　　　　　　　27×24（cm²）

日本画家柿子笔画幅小方镜框

日本画家小室翠云画立轴

小室翠云　　　　　　　外：254×47（cm²）　芯：134×32（cm²）

为梅兰芳画《岁寒二友》立轴

日本吉忍坚二绘大扇面页册

吉忍坚二　　　　　　　纸：32×59 (cm²)　高：15.5 (cm)，

　　　　　　　　　　　上边长：66.5 (cm)，　下边长：30 (cm)

《小船》，在纸上直接画的扇面。《牵牛花》，在纸上直接画的扇面

日本宽天画立轴

宽　天　　　　　　　外：276×54 (cm²)　芯：148×39 (cm²)

《佛像》

日本欣右卫门魁王画罗瘿公等书写十三要骨小折扇

欣右卫门、罗瘿公　　扇骨长：17 (cm)，　宽：1.8 (cm)

　　　　　　　　　　　　　　　　　　扇面高：9.5 (cm)

　　　　　　　　　　上边长：37.5 (cm)，　下边长：19 (cm)

一面画题魁王两字，一面为罗瘿公（辛酉年六月，即1921年）
秋岳（戊辰年春，即1928年）二人书小楷

日本画家以梅兰芳为题材的作品一览表[1]

《天女散花》	日本画画家：木清方
	刊登年：1919
《贵妃醉酒》	日本画画家：桥本关雪
	刊登年：1924
《梅兰芳》	油画画家：小糸源太郎
《新演绎》（1924年12月）	刊登年：1924
《梅兰芳》	日本画画家：甲斐庄楠音
	刊登年：1924
《梅兰芳的〈贵妃醉酒〉》	日本画画家：长谷川升
《喜剧与电影》（1925年2月）	刊登年：1925
《梅兰芳》	油画画家：中川一政
《东游记》（朝日新闻社封面）	刊登年：1956

---

1 转引自（日）佐佐木干：《梅兰芳与日本画界交流》，刘祯主编：《另一个梅兰芳·梅兰芳绘画与表演艺术论文集》，第120-121页。

《梅兰芳》	油画画家：须田剋太
	刊登年：1956
《贵妃醉酒》	插画画家：岩田专太郎
《产经时事》（1956年6月1日）	刊登年：1956
《在京剧〈贵妃醉酒〉中扮演杨贵妃的梅兰芳》	油画画家：林　武
《朝日新闻》（1956年5月31日）	刊登年：1956
《在京剧〈贵妃醉酒〉中扮演杨贵妃的梅兰芳》	油画画家：向井润吉
《西日本新闻》（1956年6月12日）	刊登年：1956

这一幅幅绘画作品见证了梅兰芳与日本绘画界的密切交往与珍贵友谊。梅兰芳在中日文化交流中作出了巨大的贡献。

难达婆薮《洛神》

六、戏画情缘

两幅梅兰芳戏装画像背后的故事

在北京护国寺街 9 号梅兰芳纪念馆的南展厅内，陈列着一幅巨型的油画，内容为梅兰芳青年时代所演出的古装新戏《洛神》。这幅作品是印度画圣难达婆薮在观看了梅兰芳的演出后所创作的，并作为礼物送给了梅兰芳。这件珍贵的作品，为我们揭开了一段尘封的往事。

1924 年 5 月，泰戈尔应邀来华讲学。以梁启超、林徽因为首的京都文化艺术界的众多名家，参与并协助了泰戈尔的此次访华活动。梅兰芳作为京圈艺术家的代表人物，热情接待了泰戈尔，陪同他观看演出，并于 5 月 19 日为其演出了新编戏《洛神》。

演出当日，泰戈尔与此次同行而来的难达婆薮等一行人在"开明戏院"观看了梅兰芳的演出。演出结束后，梅兰芳的表演得到了泰戈尔一行人的高度认可。泰戈尔为了表达对梅兰芳的欣赏之情，用中国的笔墨细书，将他的溢美之词题写在自己来中国后便随身携带的一柄团扇上。写好孟加拉文后，又用英文译写了一遍，并题好签名与落款，郑重地送给了梅兰芳。在泰翁离别中国之际，挽住前来送别的梅兰芳的手言道："我希望你带剧团来印度演出，使这里的观众能够有机会欣赏你的艺术。"

跟随泰戈尔访华的难达婆薮，在观看了梅兰芳的《洛神》后，仅凭一晚的印象，便创作了巨幅油画《洛神》。难达婆薮是印度艺术复兴运动的先锋、孟加拉画派的创始人阿伯宁·泰戈尔的继承人。他本人在印度名气颇盛，担任印度国际大学艺术学院的院长，泰戈尔所著书籍的插画基本皆出自其手。尤其是他后期支持了印度民族英雄甘地的革命事业，而被国人奉为画圣。

难达婆薮对中国画有着浓厚的兴趣，他的绘画从线条到形态，借鉴、吸收了我国的壁画与石窟艺术。

从这幅《洛神》中可以看出，除了"洛神"脸部采取工笔画法外，衣服与背景具有典型的中国画的写意性，这一点倒与中国戏曲的艺术特征相契合，或许这也是梅兰芳精妙表演所带给画家本人的直观感受。与学院派画风讲求写实性不同，这种背景写意的风格还蕴含了以马蒂斯为代表的西方野兽派的艺术追求属性，整个画面用色炽热，纯色色块凸显，显然是一幅融合了中西方绘画艺术风格的精妙之作。

日本早稻田大学"演剧博物馆"收藏了一幅水彩画，内容是京剧艺术大师梅兰芳在青年时期所演出的京剧《玉堂春》，并录有"大正七年六月二十日在北京吉祥园写，信世"的附记。从时间来看，这幅作品创作于梅兰芳访日前一年。将视阈移回到梅兰芳纪念

梅兰芳手绘《洛神图》

馆，在这里珍藏了两幅 1925 年福地信世赠予梅兰芳的表现日本风土人情的画作。这两座相隔万里跨越国界的博物馆，却因梅兰芳与福地信世而紧密联系在了一起。通过这些绘画作品，我们看到了日本画家福地信世对梅兰芳以及他所呈现的中国传统的戏曲艺术的痴迷与喜爱。

对于这位日本的"粉丝"，梅兰芳在他的《东游记》中是有所著录的。他在《东游记·与鸟居清言谈戏像》中谈道："三十年前，有一位画师福地信世先生，到中国来画了许多戏像，他还送过我一本画册，画得非常生动，其中就包括名演员杨小楼、龚云甫、钱金福……的戏像。这位老先生恐怕已经不在了，否则他会

来看戏的。"[1]从梅兰芳的表述来看，对这位日本戏迷
是留有深刻印象的，虽非深交挚友，却也难以忘怀。

　　福地信世是日本著名戏剧家福地樱痴的长子，出
生于明治十年（1877）。他毕业于东京帝国大学理学
部地质科，之后在古河矿业公司担任工程师，1931年
改任顾问。在他任职该公司顾问期间，曾多次因公司
业务访华，先后画了十余载戏剧速写。此后，又在东
京帝国大学理学部任讲师，是国际学会研究会和泛太
平洋学会的委员，以及地学会、地质学会、日本矿物
会等团体的干事、总干事。他以"戏剧通"在日本闻

---

1 梅兰芳述，许姬传整理：《东游记》，中国戏剧出版社，
　1980年版，第76页。

名，并与舞蹈界关系密切，任国民文艺界干事。他还是"洒落样会"的领导人，而"洒落样会"的主要成员均与帝国剧场经理大仓喜八郎有密切关系。故而早大林曾推测："信世氏一定对他们（指"洒落样会"中人）讲过中国的这朵名葩梅氏的妙趣，从而促成了梅氏来日演出的实现。"

　　事实上，在梅兰芳正式访日演出之前，最早通过绘画以及撰写文章，将梅兰芳的戏曲艺术在日本进行宣传与推广的人便有福地信世。二人的交谊，据吉田登志子女士推测，应始于1917年左右，甚至可上溯到1913年前后。若林弥一郎曾回忆说："每天被福地君约去看戏，有时一天看日夜两场。福地君拿着铅笔，似睡非睡地画着类似素描的写生画。到第二天早晨，

梅兰芳早期《洛神》剧照

中华人民共和国成立后,梅兰芳演出《洛神》剧照

准能完成几幅五彩缤纷的非常好看的图画。"而且，若林弥一郎曾陪同福地信世拜会梅先生，学习模仿他的台步，探讨专业性很强的问题。[1]从这段文字中可以看出福地信世对梅兰芳与中国京剧非常痴迷，不仅日场、夜场连续观看，而且会进行绘画记录。

福地信世以这种戏曲人物画的方式记录梅兰芳与他的戏曲艺术，亦是继承了其父福地樱痴的未尽事业。福地樱痴是日本明治时代的戏剧泰斗，是最早研究梅兰芳的日本学者。或是家学的影响与从小的耳濡目染，福地信世虽然并没有走上专业的戏剧研究之路，却依旧对优

---

1 福地言一郎编：《香语录·福地君轶事》，转引自王清辉：《画梅品梅促进艺术交流 福地信世功不可没》，《中国京剧》，1992 年第 12 期。

秀的戏剧表演充满热情。1919 年，梅兰芳首次在帝国剧场进行的访日演出，便与福地信世有着莫大的关联。

梅剧团访日前一个月，福地信世已在《中央公论》杂志上发表文章，内容涉及对《虹霓关》《玉堂春》《武家坡》《朱砂痣》《黛玉葬花》等剧的剧情描述与艺术鉴赏，并且高屋建瓴地对中国京剧的今昔变化以及梅兰芳所取得的新成就给予了客观评价。他对梅兰芳的评价是："他还很年轻，但他的艺术，他的嗓子足以说明他是第一流的演员。他红得跟中村歌右卫门（五世）的福助时代一样。除了我前面说过的梅兰芳在表演中国固有的剧目中没有缺点以外，他还发明了个人独有的新艺术风格……他把唱词设计成清新悦耳的腔调，又把舞蹈身段加了点西洋舞姿，服装是按照当时古老的服饰样式设计的。他的表情不是以往的中国戏剧那样常见的呆板，而是从内心自然显示出来的、富有深情的表演。这好像已故的市川团十郎（九世）参酌旧剧（传统歌舞伎）来演出活历（团十郎新编各体历史剧的统称）一样，服装也是依照故实来设计的；但梅的演出方式比团十郎的活历新得多。这就是梅兰芳独有的东西。目前有人担心中国戏剧同当前的世界趋向不相适应，成为日本能乐那样一种艺术古董，远离现实社会。但我觉得梅的新尝试能与正在进步的社会步调一致，同它一起前进，将来是有希望的。我想，梅来到日本看了日本的戏剧、舞蹈，这对他来说，也许会有更多的吸收。"[1] 从福地信世所谈

---

1 转引自王清辉：《画梅品梅促进艺术交流 福地信世功不可没》，《中国京剧》，1992 年第 12 期。

1955 年梅兰芳拍摄舞台艺术片时的《洛神》剧照

及的这段文字来看，他对于梅兰芳乃至中国京剧的评价准确、客观，尤其对梅兰芳以及他所发展的京剧艺术在未来的前景进行了前瞻性预判。可以说，在梅兰芳正式访日演出之前，福地信世的这篇文章为日本各阶层了解梅兰芳及他的舞台艺术提供了一个窗口，是一份准确且有深度的宣传。

一位是印度的画圣，一位是日本的戏剧研究的世家子弟，他们笔下的梅兰芳优雅而从容，他们眼中的梅兰芳是中国古典戏曲艺术中美的化身，他们对梅兰芳充满了欣赏与崇敬。

梅兰芳在沪寓所内绘制扇面

七、困守沪上

卖画为生显气节

九·一八事变后，梅兰芳举家迁居上海，师从画家汤定之。从严格意义上说，汤定之是梅兰芳的最后一任绘画老师。

汤定之（1878—1948），名涤，字定之，小字丁子，号乐孙，亦号太平湖客、双于道人、琴隐后人，

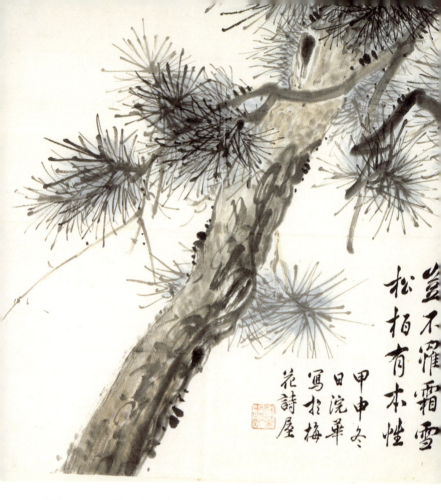

岂不罗霜雪
松柏有本性

甲申冬
日浣华
写於梅
花诗屋

1944 年梅兰芳困守上海时，所绘《松柏有本性》

室名画梅楼、茗闲堂。他与萧逊、王云同是民国时期
北京画坛的重要画家。山水学李流芳，峻爽流畅、气
韵清幽；又善墨梅、竹、兰、松、柏，用笔古雅，所
作浅绛山水为其画中精品。汤定之擅长画松，梅兰芳
向其所学也自然为画松，每周二、四、六请汤先生教
他画松梅。汤先生傲骨嶙峋的苍松最受梅兰芳的喜爱。
汤先生曾传授梅兰芳心得："画大幅要结构紧凑，不
能有松弛之感，画小幅要有寻丈之势，小中见大。"
梅兰芳认为这个道理与京剧表演相通，在大台上要使
观众不觉得空，小台上要放得开，使人不感到局促，
但这都不是一朝一夕之功，需要长期锻炼，火候到家，
才能得心应手，小大由之。

梅兰芳《梅花图》

随着抗日战争的全面爆发，梅兰芳迁居香港。由于没有了繁冗的演出，梅兰芳便沉下心来专心学习国画。这个阶段，梅兰芳最爱画梅花与佛像，并在绘画的落款处题为"佛弟子"。梅兰芳以佛学来告诫自己，一定要沉得住气，同时也是对国家陷入苦难的一种无声的反抗。1941 年末，太平洋战争全面爆发后，香港沦陷。梅兰芳被迫于 1942 年返沪，蓄须明志，拒绝登台演出。梅兰芳的一笔巨额演出收入在赴港时，曾存入当地银行。迨他回沪后不久，日寇统治下的香港将这笔高额存款全部冻结，无法取出。此时的梅兰芳已到了举步维艰的地步，他不仅要养活一家老小，还要维持留守北平却无演出活动的梅剧团三十多人的生计，无疑捉襟见肘。此时，梅兰芳已经卖掉北平无量大人胡同的住宅，仅依靠银行透支和变卖古玩来维持开销。但古玩、家当亦近

梅兰芳所绘墨梅图

卖完，继续向银行透支显然不是长久之计。他的夫人福芝芳言道："最近报纸登出了何香凝女士卖画谋生的消息，我们不妨也来学她，发挥你的绘画才能，卖画度日如何？"冯耿光等一批老友也给梅兰芳出主意，建议他卖画度日。梅兰芳采纳了他们的建议，但他说："我的画是玩票性质，现在要下海，就非下苦功不可。"

最初的八天，梅兰芳共画了二十多幅画作，题材涉及鱼、虾、梅、松。当市民看到醒目的标牌"本店出售梅兰芳先生近日画作，欢迎光临"字样时，竞相购买，不到两日，二十多幅画作悉数售罄。

梅兰芳售画的消息不胫而走，上海文艺界、新闻界、企业界反响强烈，许多知名人士提出要为梅兰芳举办画展。梅兰芳得知消息后，欣然允诺，并在半个月的时间内创作了几十幅作品，交付主办方。主办方选定重阳节在上海展览馆进行专题画展，并邀请梅兰芳夫妇剪彩。

令人意想不到的是，日伪汉奸获悉此消息后相互勾结，蓄意捣乱。他们指派一批便衣警察进入展厅对作品动手脚，前来参观的民众见状后纷纷离开了。梅兰芳见门口冷冷清清，心中纳闷，进入展厅后，发现每幅画作上都用大头针别着纸条，内容有"汪主席订购""冈村宁次长官订购"……还有一些写着"送东京展览"。梅兰芳夫妇目睹此状，义愤填膺，将桌上的裁纸刀拾起，刺向一幅幅画。梅氏夫妇的爱国之举，很快传遍了整个上海滩，并传向大江南北。上海当局

梅兰芳所绘菊花图

梅兰芳所绘花卉图

的报纸抢先发布头号新闻，言称："褚部长目瞪口呆，一场画展一场虚惊"。宋庆龄、郭沫若、何香凝、欧阳予倩发声援讲话，称赞梅兰芳民族气节凛然，为世人所敬仰。广大人民群众闻讯也纷纷寄来书信，支持梅兰芳的爱国行动。梅兰芳得到了全国人民的声援后，感动得热泪盈眶，和夫人说："我梅兰芳再也不是一只孤雁了。"

在这段特殊的时期，他努力在仕女和花卉方面下功夫，绘画成为他生活的主要内容，画技日益精进。他作画的时间大都在午夜以后。那时上海几乎每天都有空袭警报，晚上10点起即停止供电，梅兰芳为此专门买了盏铁锚牌汽油灯。每到晚上，梅兰芳把呢质窗帘拉得严严实实，点上汽油灯，沏一壶香片茶，研墨调色，伸纸落笔，聚精会神，全无倦容，直至东方发白。在那些日子里，轻易看不到梅兰芳面露笑容，只有在画得尽兴时，他才得到些快慰。经过八个月的苦战，他共创作了一百七十余幅作品，题材十分广泛，包括仕女、佛像、花卉、松树、梅花等。

1944年、1945年两年，他画得最多，可以说是他绘画人生的高潮期。

据许姬传在《忆艺术大师梅兰芳》一书中所写，1944年冬天，当梅兰芳从广播中听到日军又吃了一个败仗之后，他拿出一瓶薄荷酒请大家喝，自己也喝了一杯，然后提着汽油灯下楼，即兴画了一幅梅花，命名《春消息》，以预示胜利的春天即将到来；在画中

梅兰芳手绘观世音菩萨像

也能看出他相信抗战一定能够胜利的乐观情绪。《春消息》沿袭中国文人借物抒情的传统，用笔意和画意表达了对抗战胜利的信心。业内有人士评价，画里的梅花"很有劲儿"。

1944年，王梦白、汤定之、吴湖帆、李拔可、叶恭绰等人建议梅兰芳办画展。1945年春，梅兰芳和叶誉虎在上海福州路的都城饭店合办的画展正式开幕。梅兰芳的作品有佛像、仕女、花卉、翎毛、松树、梅花及部分与叶誉虎合作的梅竹，和吴湖帆、叶誉虎合作的《岁寒三友图》以及部分摹作。

展览结束之后，梅兰芳为了生活，将其中的大部分书画进行售卖，其中摹改七芗的《双红豆图》售出五张。售画所得收入皆用于还债、养家以及资助梅剧团成员生活困难者。梅兰芳苦涩地回忆着这几年的特殊经历，对朋友意味深长地言道："一个演员正在表演的精力旺盛之际，因为抵抗恶劣的社会环境，而蓄须谢绝舞台演出，连嗓子都不敢吊，这种痛苦我无法用语言来形容。我之所以绘画，一半是为了维持生活，一半是借此消遣。否则，我真是要憋死了。"

在这段峥嵘岁月里，梅兰芳蓄须明志，拒绝了日伪的威逼利诱，保持了高尚的民族气节。正如他在此时所画的《古松图》以及所题刘桢所作的"岂不罹霜雪，松柏有本性"。他以松柏自喻，始终坚持着宁折不弯的本性。为了拒绝给日伪演出，他不惜冒着生命危险，连打三针伤寒针，高烧一周，让日军无计可施。

梅兰芳所绘墨梅扇面

为照料家庭与京剧团，他可以不顾名伶身份，卖画度日。他的爱国行径勉励了当时处于水深火热的中国人民，鼓舞国人要坚贞自守，保持自己的民族操守。

　　1945 年，抗日战争胜利了，梅兰芳欣喜异常。一些文艺界的朋友来访，他以扇遮面，走着旦脚台步下

梅兰芳所绘扇面

楼访客，忽然将纸扇收起，露出了剃须后的样子。灰色的西装，绛红的领带，衬衫、皮鞋、袜子都是新的。他笑着对朋友说："我听到日本投降以后，首先就去剃干净胡子，从头到脚，都换上了八年来没有穿过的新衣服，今天，我真的比小孩子过年还高兴！"这个时候他已经五十岁了，但兴高采烈的样子让人感觉他仿佛年轻了二十岁。从这以后，他又开始吊嗓子，不久之后便开始登台演出，动人的艺术形象又开始出现在舞台上。他虽然失去了舞台艺术的黄金时间，却将爱国的高洁形象永恒地镌刻在历史的丰碑之上。

梅兰芳《戏蟾图》

八、清秀细腻

写意与工笔融合的绘画风格

20世纪50年代初，周恩来总理曾说："梅兰芳同志就是不当京剧演员，而是到画院去工作，也可以做画家的。"可见，梅兰芳的绘画水平已经达到了专业画家的标准。

自梅兰芳祖父梅巧玲始，梅府便开始收集名家画作。按梅兰芳的回忆，自己的祖父与父亲闲来都会画上几笔。良好的家学熏陶与丰富的绘画收藏使幼时的梅兰芳对绘画表现出了浓厚的兴趣，对画稿、画谱的临摹也奠定了梅兰芳的绘画风格与主攻的题材类型。

梅兰芳最擅长画花鸟，其次是人物，鲜作山水。他在花鸟方面，最先正式拜师王梦白，之后是齐白石。以他的个人的画风来看，与齐白石的风格相去甚远，并没有齐白石的朴、拙、苍、劲。他的画风以清代传统绘画风格为基础，将工笔与写意相融合，形成了自己的绘画风格。工笔画以秀丽细腻而见长，写意往往豪迈粗犷，将工笔融入写意之中，这属于梅兰芳

梅兰芳《花卉图》　　　　梅兰芳《花卉枇杷图》

的个人创造，是他个人化的风格。梅兰芳的画风虽与齐白石有较大差异，但在用色上深受齐老启发。齐白石对徐渭、八大山人和吴昌硕的画风甚为推重，尤其是受到了吴昌硕用色大胆的启发。齐白石的花卉，重用西洋画风，大红大绿，艳而不俗。在这一点上，梅兰芳采取了吸收与借鉴，他所创作的《月季》《荷花》《花卉》《兰花》等，色彩富丽，枝繁叶茂，生动而逼真。

他在画山石、梅花、松竹方面，富有个性和创造力。他注重整体的构图，经营位置以及虚实关系，往往新颖而别致。例如他在甲子之秋（1924年）所画的《墨竹》，一枝墨竹枝干挺拔，一枝折腰下弯，对比鲜明，画面简洁素练。竹子从左向右伸展，给人以横空出世之感，却又展现了各异的形态与美学风格，表现了竹子刚毅且又虚心的两面性。在丁亥（1947年）所画的《苍虬图》，是其绘画艺术修养达到成熟期的作品，松树健壮，树干从右下向左上斜立，松针密布，表现出松柏刚强的意志与坚贞的品质。

梅兰芳钟爱画梅，作品主要分红梅、墨梅、扇面三类。在他的代表作《春消息》中，梅树苍劲，梅花盎然，横卧而上扬，表现出了顽强的生命特征，更预示着严冬的结束，春天的来临，呈现出祥和光明与充满希望的喜庆气息。梅兰芳在梅花的画法上师从陈半丁，陈氏所画的梅花多以横斜的方式呈现，梅枝自由洒脱，红梅润染，灵动而飘逸。而梅兰芳在学习与汲取陈氏画风之余，又加入自己的创新，

春消息
甲申臘月
浣華題於
梅花詩屋
之南窗用
色雜渚而
老幹崢嶸
尚可取也

1944 年梅兰芳困守上海时，所绘《春消息》

大多在纸面画一两株梅树，一般为立轴构图，用笔刚劲有力，梅树姿态蓬勃，梅花大小错落，青春而有生气，别具一格。至于墨梅的画法，梅氏多采取自由奔放的形式，浓淡干湿对比鲜明，树干由墨点垒积而成，树枝或用枯笔，整体风貌奔放有力。他的墨梅在形态上，既有枝干虬曲、弯折的，也有昂扬直立、奋勇向上的，还有偃卧起伏、自由而生的，可谓姿态各异，生机勃勃，展现出不同形态下的充满生命力的梅花形象。在扇面的创作上，陈半丁对梅兰芳的影响也很大，根据扇面自身空间有限的体裁特征，梅兰芳的扇面往往恬静淡雅，从容而舒展，品格清雅高贵。他笔下的花卉，自然清新而不俗腻，笔法简单不繁缛，寥寥几笔间，将客体本身的自然形态特征把握得十分精确。

梅兰芳《柿子图》

梅兰芳的花鸟画，具有雅致自然、灵动清新的特点，他笔下的花卉，枝叶繁茂，色彩对比鲜明，生动自然，富有情趣，充满生机。他所绘的花卉往往不缺乏草木鸟虫的点缀。例如《牵牛花》中，在牵牛花的红花绿叶旁，飞舞着数只蜜蜂，野趣横生。《梅竹图》中，在侧枝生长的梅竹上方，有一对飞行的麻雀，逼真生动。《雏鸡》一画中，在浑厚圆润的大石边，有三只寻找虫子的小鸡，憨态可掬。

"留白"是中国画构图的主要美学特征之一。"计白当黑""无中生有"皆是中国画的审美趣味，表现出的是一种虚实相生的境外之象。梅兰芳对此有着较为深刻的领悟，他笔下的梅花、竹石、松柏大多背景留白，主体形象突出，画面素练纯净，给人以无限的遐想，拓

梅兰芳《牵牛花图》

梅兰芳《佛手图》

展了作品本身艺术思考的空间，提升了艺术品位与格调，这一点与中国戏曲讲求写意性是相通的。

绘画格局与风格的养成要取法高古，而历史流传的名家绘画便成为最好的参考对象，梅兰芳的取法是偏重于清代之后的绘画传统的。梅兰芳擅长画佛像、仕女。他的工笔佛像以摹古为主。1921 年，他为许伯明祝寿时，曾以家传的明代丁南羽所绘的一幅罗汉作为参考，进行了摹写。恰逢罗瘿公、姚茫父、金拱北、陈师曾等人前来拜访，梅兰芳在众人面前气定神闲地完成了这幅作品。金拱北提议画中的罗汉缺一双草鞋，梅兰芳随即在画中罗汉身后添了一根禅杖，一双草鞋挂在了禅杖上，还补了一本经卷。作品非常传神写真，令众人赞不绝口。

1926 年，演出忙碌的梅兰芳在"梅党"成员冯幼伟过生日时，创作了一幅《普贤像》以作寿礼。冯幼伟对这幅作品珍爱有加，认为用笔工细，设色繁缛，是梅兰芳绘画艺术走向成熟的一个重要标志。《达摩面壁图》是梅兰芳对照姚华描摹金冬心的画本而绘制的再摹本，故而梅兰芳总是开玩笑说自己是冬心先生的再传弟子。

梅兰芳的工笔人物画中，佛像与仕女图是他最感兴趣与着笔墨最多的领域。梅兰芳对仕女图的创作，采取专心摹古的方式，吸收古人勾勒衣纹、线条的比例；开脸则参考清代费晓楼的画法，根据自己的化妆经验，画出他心目中的美人。20 世纪 30 年代，梅兰芳与张大千相识，二人相互欣赏，梅兰芳曾请

梅兰芳与张大千

张大千教他如何画美人。张大千随即回答："你自己就是一个最标准的美人，只要把你戏台上的各种样子画下来就行了，千万不要再参照别的样子了。"《天女散花》《洛神》《无量寿佛》《达摩渡江》《观世音菩萨》是梅兰芳所创作的人物题材作品。这些人物画作品体现了传统国画以线造型的特点，人物神态逼真传神。与徐悲鸿所画《天女散花图》相比，梅兰芳所创作的《天女散花》是典型的中国传统绘画风格。画中的天女衣带飘然，具有顾恺之用细线苍劲爽利的特点，人物神态端庄秀丽，手举花篮散花，落英缤纷，情趣盎然。梅兰芳根据自己画仕女图的经验，创作了《天女散花》与《洛神》等名剧，至今仍广为流传。

梅兰芳虽未正式拜师陈师曾，但受陈师曾的画风影响，对北京的风俗画表现出了浓厚的兴趣。陈师曾对北京风俗画的迷恋，梅兰芳在《舞台生活四十年》中有过详细的论述：

师曾先生的北京风俗画是很有名的，他画的都是日常所见的生活情景，如跑旱船、唱话匣子、骡车进香、鼓书、拉骆驼、水果桃、卖切糕、卖绒线、扛肩儿、拉洋车、红白执事、打鼓的、剃头挑……像这些行业的人物，是当时士大夫所不屑为伍的。他在画里面，用警世讽时的笔触，写实的手法，替他们写照……陈师曾先生对当时社会上的形形色色做了观察，在他的风俗画里反映出来，他的目光是敏锐的，一种愤世嫉俗的心情是流于纸上的。从陈先生的画里，我们也看到观察生活对艺术家的重要作用，任何艺术都不能脱离生活。陈先生的

梅兰芳《藤罗群鸡图》　　　　梅兰芳《双鸽图》

风俗画既继承了国画的传统技法，又有强烈的生活气息，而且有他自己的风格。

梅兰芳不仅用笔细腻，且善于观察细节。他也临摹过《跑旱船》《鼓书》这样的风俗画。

梅兰芳学画的时期，正是北京画坛英才与大家汇集，美术思想活跃，传统绘画继承与变革并举，新式美术思想浪潮涌入的黄金时期。陈师曾先后兼任北京女子高等师范学校、北京高等师范学校、北京美术专门学校教授，王梦白、姚华、陈半丁、齐白石都是北京画坛的重要画家，他们都以坚守中国绘画传统，保持中国绘画传统品格，发扬中国绘画精神为信念，注重中国画的功力以及弘扬文人画价值，他们是"京派"绘画中的杰出代表，在北京画坛乃至中国画坛都有举足轻重的地位。这些名家或是梅兰芳的老师，或是他的座上之宾，在与他们密切的交往中，梅兰芳汲取了大量的营养，对其最终形成清格雅正、细腻精致的画风具有重要作用。

梅兰芳终生只画花鸟竹菊与仕女、佛像，甚少在山水画与书法上下功夫。这与他受到海派绘画的影响及自己的偏好有关。从他的绘画题材及趣味上可以看出对南北两派的调和。他的花卉小品在韵味上力求平淡高雅之气，但在构图与设色等视觉效果上大量融入海派的技法。这也是他在困守上海期间，所绘作品能轻易迎合上海市民阶层趣味的一个重要原因。

梅兰芳《达摩面壁图》

进入 21 世纪以来，梅兰芳绘画作品的价值已经越来越引起人们的关注，在拍卖会上成为炙手可热的竞拍对象。2015 年 11 月的拍卖会上，梅兰芳 1936 年所绘的《游鱼》每平方尺价格 15 万元，最终以 120.75 万元成交；2018 年的拍卖会上，梅兰芳所作的一幅《竹报平安》每平方尺拍出了 70 余万元的高价，最终以 324 万元成交。可见梅兰芳绘画艺术的价值已经越来越受到业界的认可与追捧，曲家之外的梅兰芳亦是一名杰出的画家。

梅兰芳《柳雀游鱼图》

九、曲画互鉴

梅兰芳绘画与戏曲的交互影响

在中国的文化艺术史上，素来不缺多才多艺的全能之人，他们往往会在某些领域作出突出的贡献，彰显自己的地位。在这个过程中，他们会对自己熟悉的相近领域的艺术学习借鉴、融会贯通，提升自己的艺术品格，并运用到自己专业的艺术领域，形成自己的风格。舒曼曾说："在一个艺术家心目中，诗歌却变成了图画，而音乐家则善于把图画用声音体现出来。"可见，艺术是相通的。梅兰芳在京剧界所取得的地位，得益于他的开拓与创新精神，沿着王瑶卿未竟的事业，将花衫行当进一步完善与定型。当我们回顾梅兰芳对京剧的发展所作出的改革时，他在舞台表演与舞美设计以及剧目方面的创新，很多已经远远超出了戏曲本身的范畴。其中，绘画艺术对梅兰芳综合素养的提高，对他在京剧方面的改革起到了重要的辅助作用，主要表现为服饰与身段的借鉴、剧目的创编以及美学品位的提升。而梅兰芳职业戏曲演员的身份，又对他绘画题材的选择与风格的形成，产生了反向的影响。绘画与演戏在梅兰芳的艺术生涯中，是相辅相成、互相成就的，使其在戏曲表演与绘画领域皆取得了不菲的成就。

绘画对梅兰芳戏曲艺术的影响，首先体现在服饰与舞美的革新方面。据梅兰芳回忆，戏曲行头的图案色彩多由戏衣庄制作，按照传统的规制搭配绣制，图案的样式相对固定，缺少变化。梅兰芳在学习绘画之后，经常与画家们交流，并请他们将花鸟鱼虫画成图案，有时他自己也会琢磨一些新的花样，预备绣在行头上。经过大家的讨论之后，会针对不同剧目以及不同角色设定专业的花鸟与配色图案，并考虑用何种颜色的台帐将服饰烘托出来。在这样精雕细琢之后，做出来的服装行头自然要比市面上的更加精致与专业。例如《霸王别姬》中虞姬的扮相是从费晓楼的《虞美人》图中获悉的灵感，对传统的虞姬的服饰进行了改革；《天女散花》的创排是他从好友的《散花图》中得到的启示，参照画中人物形象，塑造出了天女的戏曲舞台形象，舞台上的天女基本

京剧《霸王别姬》剧照，梅兰芳饰虞姬

上是对绘画人物的高度还原。传统戏中，人物的身份配色是协调与规矩的，不同角色服饰的色彩搭配更要协调统一。例如《金山寺》中，白蛇穿白，青蛇穿蓝，许仙穿紫，皆为素色的冷色调。《二进宫》中，李艳妃黄帔，徐延昭紫蟒，杨波白蟒，皆为平金，配色极好。梅兰芳对服饰与图案进行变更时，也是遵循传统的配色原则而来的，讲求和谐之美。故而，无论是他的新编戏抑或是革新后的传统剧，在服饰与舞美上的革新都是自然和谐的，而非突兀不协调的。这一方面源自传统的绘画艺术的滋养，另一方面在于他革新时的行规步矩，在严格遵守戏曲的规则的前提下进行变革，取得了良好的效果。

传统京剧的旦角服饰，如女帔、女褶都是宽大而扁长的，并不容易表现出女子的身形之美。齐如山与

京剧《金山寺》，梅兰芳饰白素贞，
俞振飞饰许仙，梅葆玖饰青儿

梅兰芳参照古代诸多仕女画作，对传统的京剧旦角服饰进行了改革，创造了新式古装。新式古装的风格是上衣短、裙子长，裙子系于上衣外面，加强表现胸部与腰部的线条，突出女性的形体之美。中国传统的仕女画作为齐梅二人关于戏曲旦角服饰的具体改革提供了大量的参考，创造出一大批独属于梅兰芳的古装新衣，如《黛玉葬花》中的春闺衣、葬花衣；《天女散花》中的天宫衣、云路衣、云台衣；《晴雯撕扇》中的晴雯衣；《麻姑献寿》中的采药衣、洞中衣、上寿衣；《红线盗盒》中的捧茶衣、飞行衣；《上元夫人》中的天上衣、承华衣；《霸王别姬》中的帐中衣、舞剑衣；《西施》中的浣纱衣、游湖衣；《廉锦枫》中的水宿衣、采参衣、刺蚌衣；《洛神》中的示梦衣、川上衣、戏波衣；《太真外传》中的舞盘衣、霓彩衣、

梅兰芳《洛神》戏装

玉真衣;《木兰从军》中的战甲衣;《俊袭人》中的袭人衣等。

　　以上所列这些繁杂的戏衣,可以说是根据人物身份、地位、性格特征而特制的,不同于传统戏中戏服的通用性,这些服饰可谓一戏一衣。例如《天女散花》中,为了显示天女驾祥云散花免灾,以及凌空飞舞的特征,以两条长长的五彩风带配合仙女衣;《霸王别姬》中,虞姬的如意冠、鱼鳞甲既体现了妃子的身份,同时亦符合她追随连年征战的项羽出入军营的形象,更为重要的是,为之后的高潮部分的舞剑提供了便利。如果此处的虞姬还是传统的京剧大头穿帔,显然是不利于舞蹈动作的。《洛神》中,神女的服饰是身着白色绣袄绣裙,肩披蝉翼五彩薄纱,在左肩打

京剧《木兰从军》，梅兰芳饰花木兰

了一个彩球结，里面另有一袭白色轻纱横覆胸前，系绕腰间，摇曳生姿。这样的服饰在传统的京剧中是绝无仅有的，但却将洛水之滨仙子的飘飘欲仙的形象体现得淋漓尽致。舞台上梅兰芳所饰演的洛神，与曹植笔下《洛神赋》中"披罗衣之璀粲兮，珥瑶碧衣花琚"的佳人高度贴合。

这些服饰的设计可谓专戏专用，不像传统戏中的帔与褶子具有普适性，体现了梅兰芳对艺术追求的精益求精。与传统的戏曲服饰讲求色彩明艳、大开大合不同，梅兰芳所革新的古装服质地细密、用色淡雅，体现着古代绘画的典雅然的文化精神，同时适合演员在舞台上完成舞蹈动作。例如《黛玉葬花》中，林黛玉的舞台造型是"上穿浅蓝色软绸短袄，下系白色百

京剧《洛神》，梅兰芳饰洛神

京剧《黛玉葬花》，梅兰芳饰林黛玉

褶裙，腰里加上以薄纱做的小腰裙，外系丝带并缀有玉佩"。[1]梅兰芳所诠释的黛玉娇柔怯弱的形象如同从书中走出来一般。新式古装服饰的删繁就简，体现出的是一种意境之美，这种从中国古代绘画中所汲取的写意精神，与中国戏曲的内在审美精神是一致的，并突破了传统旦角服饰审美的格局，对中国戏曲尤其是旦角艺术的发展起到了推动的作用。

除服饰之外，中国传统的仕女绘画、雕塑也为梅兰芳对旦角头饰的改革提供了有益的帮助。传统的京剧旦角头饰，主要有"大头"与"抓髻"两种。前者表现出身贵族或富庶的中青年妇女，后者用以表现下层青少年

---

1 齐崧：《谈梅兰芳》，（台湾）传记文学出版社1980年，第175页。

女性。这两种造型相对简单且单一，很难全面展现中国古代历朝历代形态各异的妇女形象。齐如山与梅兰芳在古装新戏中创造了很多新型的发式——"古装头"。"古装头"的创造不是凭空而来的，他们翻阅了大量的古代典籍，从众多的中国历代仕女画中汲取营养，摒弃了传统向下披的大头，而是将长发梳于头顶，耸立成高髻，制作出各种髻式，有"品字髻""吕字髻""海棠髻"等。例如《黛玉葬花》中，林黛玉的发式是"吕"字髻古装头，辅之淡雅的珠翠、髻花，非常符合林黛玉灵逸与隽秀之美。《天女散花》中，天女的发式为"海棠髻"，在平滑的珠翠头面中间，装饰一个粉红色绒球，体现出天女端秀妍丽的仙家风姿。《千金一笑》中，晴雯的发式是"编髻"，有时候正着梳，有时候梳成歪的，还戴着翠花和珠花，以显示其丫鬟的身份。古代

京剧《天女散花》，梅兰芳饰天女

京剧《千金一笑》，梅兰芳饰晴雯

仕女画中多表现妇女的正面或侧面，很少有突出背面的作品，梅兰芳与齐如山反复琢磨与推敲，确定将"古装头"的背面设计成"把头发散披在后面，分成两条。每一条在靠近颈子的部位加一个丝线做的'头把'。挨着'头把'下面，有时就用假发打两个如意结"。[1] 这样设计之后，演员在舞台之上的表演，可以说从各个方面看，皆是简洁美观、古朴大方的。放弃传统的"大头"与满头珠翠的样式，选用更能显示中国古代妇女乌鬓如云的自然美的"古装头"，是梅兰芳在参考绘画的基础上，对京剧旦角头面革新的有力推进。梅兰芳的古装新戏也开辟了"中国剧界之新纪元"，[2] 受到人们热烈的

---

1 梅兰芳述，许姬传记录：《舞台生活四十年》，中国戏剧出版社，1987年版，第284页。
2 柔绦馆：《〈西施〉剧本赞言》，载《戏剧月刊》第1卷第6期，1928年。

京剧《太真外传》，梅兰芳饰杨玉环

追捧，为中国京剧乃至戏剧的改革与发展提供了一条正确的道路。时至今日，我们提倡的"三并举"，大力发展的"新编历史剧"就是沿着梅兰芳的古装新戏所进行的推进与延展。梅兰芳"古装新戏"的成功，不仅开辟了京剧旦角艺术的新时代，也将中国戏剧的革新与发展引入一个新的时代。

服化道之外，梅兰芳在戏曲表演中的很多手势与身段，也借鉴了中国的传统绘画。为充分参考中国古代佛像与仕女像的身姿与指法，梅兰芳曾亲自到云冈、龙门、敦煌、晋祠等地去观摩千年以上的绘画雕刻。例如《天女散花》中，他的很多亮相是从绘画与雕塑中摹拟出来的，他从"飞天"的舞姿中吸取了人物凌空飞翔的神态，以静止亮相的方式展现人物的精气神，如同绘画

京剧《天女散花》，梅兰芳饰天女

将人物最具神采的瞬间定格在卷轴之上一般。敦煌的各种"飞天"画像，同《天女散花》中"天女"形象有很多相似之处，这就是绘画雕塑对梅兰芳演戏的帮助了。

学习绘画有助于梅兰芳个人美学品位的提升，绘画与戏曲所追求的美学品位与艺术境界，在很大程度上是相同的。中国画讲求虚与实、简与繁、疏与密的关系，和戏曲舞台构图有密切的联系，这源于中华民族对美的欣赏习惯与价值追求。由此，梅兰芳在学习绘画之后，将很多中国传统绘画艺术的精髓，自觉地运用到戏曲之中。例如《生死恨》中，梅兰芳饰演的韩玉娘在"夜诉"一场，只用了几件简单的道具，一架纺车、两把椅子、一张桌子（椅帔、桌围用深蓝色的素缎）、油灯一盏。凄清的电光打到韩玉娘身穿的"富贵衣"上，尽显凄凉悲怆之感，这样的场景设计源自梅兰芳对《寒灯课子图》的借鉴。

梅兰芳作为一名京剧旦行演员，平时的工作性质对他绘画题材的选择与画风的形成是有一定影响的。梅兰芳绘画所擅者多为花鸟与人物，在人物方面多以佛像与仕女图为主，并形成一种"闺阁体"的画风。一方面体现着他的个人喜好，另一方面更深层次的原因或许是戏曲职业对他业余爱好的一种影响，使得个人喜好与职业素养之间相辅相成，交互影响。由此我们可以说，梅兰芳不仅是中国近代一位伟大的京剧表演艺术家，亦是一位优秀的画家。

京剧《生死恨》，梅兰芳饰韩玉娘

图书在版编目（CIP）数据

挥墨静心：梅兰芳与绘画 / 韩郁涛编著 . —北京：知识产权出版社，2022.1

（梅兰芳艺术人生文丛 / 刘祯主编）

ISBN 978-7-5130-7987-7

Ⅰ . ①挥… Ⅱ . ①韩… Ⅲ . ①梅兰芳（1894–1961）—生平事迹 Ⅳ . ① K825.78

中国版本图书馆 CIP 数据核字（2021）第 263489 号

策　　划：刘　祯　王润贵	责任编辑：刘　嚣
装帧设计：智兴设计室·段维东	责任校对：王　岩
内文制作：智兴设计室·崔一凡	责任印制：刘译文

挥墨静心

梅兰芳与绘画

韩郁涛　编著

出版发行：知识产权出版社 有限责任公司	网　　址：http://www.ipph.cn
社　　址：北京市海淀区气象路50号院	邮　　编：100081
责编电话：010-82000860转8119	责编邮箱：liuhe@cnipr.com
发行电话：010-82000860转8101/8102	发行传真：010-82000893/82005070/82000270
印　　刷：天津市银博印刷集团有限公司	经　　销：各大网上书店、新华书店
	及相关专业书店
开　　本：787mm×1092mm　1/32	印　　张：5.75
版　　次：2022年1月第1版	印　　次：2022年1月第1次印刷
字　　数：66千字	定　　价：39.00元

ISBN 978-7-5130-7987-7